B. R.

Le Cardinal de Berulle

# Berulle (Pierre) Cardinal

né en 1575 à Levilly près de Troyes, mort en 1629.

Monseigneur

Vous continuez à m'honnorer et obliger extraordinairement en
la faveur que vous me faittes de m'apprendre de vos nouvelles
et de me confier vos pensées plus particulieres. Je vous y serviré
selon vos intentions et commandements. Dimanche au soir Monsieur
le Grand, fust pris par la personne de Monsieur. C'estoit
Monsieur luymesme qui à envoyé prier Monsieur le Grand par
le president Cognieux de vouloir estre pris de luy. Il s'est servi
beaucoup de parolles pleines d'honneur et d'estime. Je vous
mande cette nouvelle qui ne sera pas Monseigneur une des
plus fascheuses que vous puissiez recevoir de deçà. Je prie
Dieu qu'il appaise son ire et donne son esprit de paix à la
France. J'espere en la bonté de Dieu, et au soing que je
voy que Monsieur à de vivre tresbien avec le Roy.
Ce porteur vous dira quelques particularitez que je luy ay
confiées. Vous asseurera comme je suis et seré à jamais

Monseigneur

Vostre treshumble tresobeissant
et tresobligé serviteur
P. de Berulle prestre de l'Oratoire
de Jesus.

# DE BÉRULLE,

SEIGNEURS DE BAILLY, DE VIEIL-VERGER, DE TURNY, DE CERILLY, DE RI-
GNY, etc., BARONS DE CÉANT-EN-OTHE, *vicomtes* DE GUYENCOURT, *marquis*
DE BÉRULLE, etc., en *Champagne* et en *Bourgogne*.

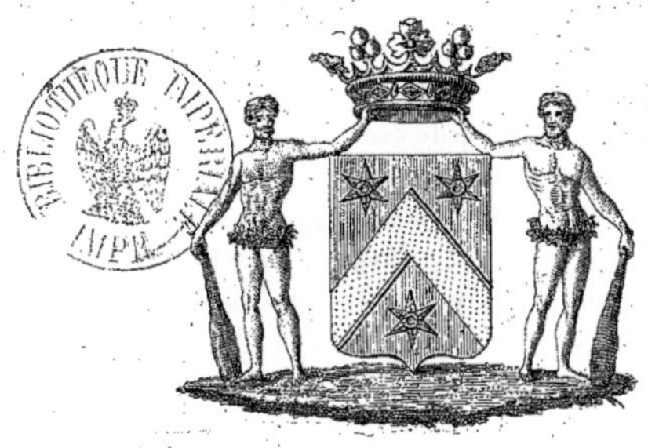

ARMES : *De gueules, au chevron d'or, accompagné de trois
molettes d'éperon du même.* Couronne de marquis. Te-
nants : deux sauvages, appuyés sur leurs massues.

La maison DE BÉRULLE a rendu à l'église, ainsi qu'à l'état, dans
les hautes fonctions de la magistrature, dans les conseils et les armées de nos rois, des services dont l'importance et la continuité
marquent son rang parmi les familles les plus recommandables
du royaume. Elle est originaire de la partie du duché de Bourgogne qui confine avec la Champagne, et s'est toujours alliée avec
la noblesse la plus distinguée de ces deux provinces. Elle a pour
premier auteur connu :

I. Amauri DE BÉRULLE, chevalier, qui vivait en 1339. (*Cabinet
de l'ordre du Saint-Esprit*, Mélanges, vol. 346.) Il servit dans les
guerres que le roi Philippe de Valois soutint contre les Anglais,
et se trouva à la bataille de Crécy le 26 août 1346. (*Épître en vers
latins*, adressée, en 1710, au cardinal de Bérulle, par Patrice de
Saint-Jean, poëte du roi de la Grande-Bretagne, p. 3.) Amauri de
Bérulle fut père de Thibaut Ier, dont l'article suit.

N....

II. Thibaut DE BÉRULLE, I<sup>er</sup> du nom, chevalier, commanda une compagnie d'hommes d'armes dans les guerres qui eurent lieu sous le règne de Charles V. ( *Patrice de Saint-Jean,* p. 3. ) Il eut pour fils Jean I<sup>er</sup>, dont l'article suit.

III. Jean DE BÉRULLE, I<sup>er</sup> du nom, écuyer, seigneur de la Borde, est ainsi qualifié dans deux actes de 1430 et 1440, et dans des lettres-patentes du roi Charles VII, du 2 septembre 1441, par lesquelles ce prince fait mention de ses services et de ceux rendus par ses ancêtres. Il fut père de Jean II, dont on va parler.

IV. Jean DE BÉRULLE, II<sup>e</sup> du nom, écuyer, seigneur de la Borde, épousa Bonne DE NUITS-SUR-ARMANÇON, avec laquelle, en 1478 et 1480, il fit diverses acquisitions de biens à Villeneuve-l'Archevêque, à Bagneaux, à Molinons et à la Motte, en Bourgogne. ( *Mémoires de Castelnau,* par le Laboureur, t. III, p. 245. ) De ce mariage sont issus deux fils et une fille :

1°. Thibaut II, dont l'article suit ;

2°. Claude de Bérulle, écuyer, qui eut pour femme Catherine *de la Bussière,* dont on ignore s'il a laissé des enfants ;

3°. Thomasse de Bérulle, mariée 1° avec Nicolas *de Gournay,* écuyer ; 2° avec Adam *de la Boudinière,* aussi écuyer.

V. Thibaut DE BÉRULLE, II<sup>e</sup> du nom, écuyer, seigneur de Bailly, près Saint-Florentin, et de la Garenne, fut homme d'armes de la compagnie du duc d'Alençon. Il épousa 1°, Marthe DE BARBEROT, dame de la Barberotière, au Perche ; 2°, Silvine DE CACQUERAY, dame en partie de la Garenne, près Saint-Fargeau. Elle vivait avec son mari en 1499, 1513* et 1518*, et en est qualifiée veuve dans deux actes des 26 octobre 1529* et 21 mai 1542*. Thibaut II a eu pour enfants ;

*Du premier lit :*

1°. Jean de Bérulle, écuyer, qui fut père de :

Edmée de Bérulle, épouse de Pierre *d'Assigny,* écuyer, seigneur de Montréal ;

2°. Jacques, dont l'article viendra ;

3°. Clériadus de Bérulle, écuyer, seigneur de Champbenault, marié 1° avec

Jacquette *de Ponnard de Sauvage*; 2° avec Marguerite *d'Assigny*. Ses enfants furent;

(Du premier lit :)

*A*. Gabriel de Bérulle, écuyer;
*B*. Edmée de Bérulle;

(Du second lit :)

*C*. Jacques de Bérulle, écuyer;
*D*. Marie de Bérulle, femme 1° de François *de Bongars*, écuyer, capi-
    taine d'une compagnie de chevau-légers; 2° de Pierre *de Cornillat*,
    écuyer, seigneur de Saint-Soman et de Gien;
4°. Robert de Bérulle, écuyer, seigneur de la Borde et de la Barberotière,
    au Perche, époux de Nicole *de Lomery*, et père de :

    Marie de Bérulle, épouse de Jean *d'Auquoy*, écuyer, seigneur de Neu-
      ville, fils de Jacques d'Auquoy, chevalier, seigneur de Fay-aux-Loges,
      et de Perrette de Courcelles de Saint-Liébault;

Du second lit :

5°. Pierre de Bérulle, co-seigneur de Cerilly, qui fut père d'un fils :

    Amaury de Bérulle, chevalier, capitaine des gardes du duc d'Alençon;
6°. Barbe de Bérulle, morte sans alliance;
7°. Thomasse de Bérulle, femme de Jean *de Monteaulme*, écuyer, avec le-
    quel elle vivait à Andrie, en 1553, possédant alors quelques biens à Ce-
    rilly, qui lui étaient échus de la succession de Barbe, sa sœur.

VI. Jacques DE BÉRULLE, écuyer, seigneur de Bailly, de Vieil-
Verger, de Turny, de Cerilly, de Bernières, de Quincy, etc., fit un
échange avec noble homme Philippe de Benault, par acte passé
devant Nicolas Pierre, tabellion en la prévôté de Vauluisant, le 17
mai 1521*; fit une acquisition le 14 mars 1526*, et un échange le 24
juin 1529*; consentit un bail à ferme le 2 mars 1557*; tous actes
passés devant le même tabellion; enfin, consentit un second bail
à ferme, le 19 avril 1547*, devant Jean Bertin et Nicolas le
Clerc, notaires royaux en la prévôté de Nogent-sur-Seine. Il avait
épousé Anne DE PONNARD DE SAUVAGE, sœur de Jacquette, femme    DE PONNARD :
de Cleriadus de Bérulle, et de Lancelotte de Ponnard, femme de
Jean de la Bussière, écuyer, seigneur de la Chaume. Anne de Ponnard était veuve de Jacques de Bérulle, lorsqu'elle fit son testament
en 1557. Elle fut inhumée dans une chapelle qu'elle et son mari

avaient fondée dans l'église Saint-Laurent de Nogent-sur-Seine.
(*Mémoires de Castelnau*, p. 245. ) Leurs enfants furent :

1°. Galéas, dont l'article viendra ;

2°. Jeanne de Bérulle, mariée, avant l'année 1562, avec Claude *Houdouart*,
chevalier, seigneur de Foissy, chevalier de l'ordre du Roi, gouverneur de
Provins, dont elle était veuve en 1573 ;

3°. Étiennette de Bérulle, mariée 1° avec Charles *Bernard*, écuyer, seigneur de Foras, gentilhomme ordinaire de la maison du roi, gouverneur
de Nogent-sur-Seine, 2° avec Jean *Briçonnet*, chevalier, seigneur de Glatigny, de Bois-Foucher, d'Achères, etc., président des généraux des finan-
ces en la cour des aides de Paris, fils de Guillaume Briçonnet, seigneur de
Glatigny, trésorier de la maison de la reine et receveur-général du Maine,
et de Claude de Leveville ;

4°. Edmée de Bérulle, femme de Claude *le Roy*, écuyer, seigneur de Daoust
et de la Chapelle en Brie, dont elle eut une fille :

Clémence le Roy, première femme de Jean *de Léaumont-Puygaillard*,
baron de Blou et de Moré, chevalier des ordres du Roi, maréchal-géné-
ral des camps et armées, (grade qu'a rempli depuis le grand Turenne),
mort de la peste le 6 juillet 1584, sans postérité ni de Clémence le
Roy, ni de Marie de Maillé et de Françoise du Puy-du-Fou, ses
deux autres femmes. (*Dictionnaire historique des Généraux français*,
par M. de Courcelles, t. VII, p. 151) ;

5°. Guillemette de Bérulle, religieuse à Provins.

VII. Galéas DE BÉRULLE, chevalier, seigneur de Vieil-Verger, de
Bailly, de Cerilly, de Turny, de Rigny, de Sormery, des Sièges et
du Plessis du Mée, baron de Ceant-en-Othe, l'un des cent gentils-
hommes de la maison du roi, lieutenant pour S. M. au gouvernement de Troyes, fit une acquisition de biens-fonds de Nicolas
de Champagne, seigneur de Morsin, en Brie, par acte passé devant Denis Gaspard, notaire en la prévôté de Vauluisant, le 4
juin 1557*. Le 7 janvier 1562, il fut rendu, au présidial de Troyes,
une sentence interlocutoire entre Galéas de Bérulle, demandeur
en matière de saisine, et Gabrielle Gouffier, dame de Sautour, (veuve
de Claude des Essars, chevalier, maître-d'hôtel du roi), au sujet de
la jonction de deux instances dans un procès qu'il soutenait contre
cette dame. Le duc de Nivernais, seigneur de Villemor, pair de
France, y prit fait et cause pour Galéas de Bérulle, le 17 juillet
1563 ; enfin, le 16 mai 1573, le bailli de Sens donna ordre d'assi-

gner la même dame pour qu'elle reconnût que les biens qu'elle avait acquis de Robert de Montigny seraient hypothéqués à la garantie de la vente que ce même Robert avait faite d'autres immeubles à Galéas de Bérulle. ( *Titres originaux.* ) Galéas était décédé deux ou trois ans avant ce dernier acte. Il avait épousé, par contrat du 9 septembre 1540, Louise DE NEUFVY, fille d'Étienne de Neufvy, écuyer, seigneur de Gumery et de Fontaine-Denis, et de Philiberte de Belleville. Louise de Neufvy vivait encore le 26 mai 1574. De ce mariage sont issus :

DE NEUFVY : écartelé, aux 1 et 4 d'argent, à 3 têtes de maures de sable, tortillées d'argent, qui est *de Neufvy*; aux 2 et 3 gironnés de gueules et de sinople, qui est *de Belleville*.

1°. Claude, dont l'article suit;

2°. Anne de Bérulle, dame de Nancray, mariée 1°, le 22 août 1560, avec Edme *de Prie*, chevalier, baron de Montpoupon, chambellan du duc d'Anjou, (depuis Henri III), second fils d'Edme, seigneur de Prie, de Montpoupon, de Lézillé, etc., chevalier de l'ordre du Roi, lieutenant-général pour S. M. au pays de Touraine, et de Charlotte de Rochefort de Pleuvaut; 2°, le 13 ou le 20 septembre 1568, avec François *de Rochechouart*, chevalier, seigneur de Jars, de Bréviande et de la Brosse, chevalier de l'ordre du Roi, panetier, puis premier maître-d'hôtel de S. M., mort en 1576, fils de Guillaume de Rochechouart, seigneur de Jars et de Bréviande, chevalier de l'ordre du Roi, premier maître-d'hôtel de S. M., gouverneur des ducs d'Orléans, d'Anjou et d'Alençon, (frères du roi François II), et de Louise d'Autry, dame de la Brosse. Anne de Bérulle a vécu jusqu'au 14 avril 1603, et a été inhumée en l'église paroissiale de Santeau.

VIII. Claude DE BÉRULLE, chevalier, baron de Ceant-en-Othe, seigneur de Bailly, Vieil-Verger, Cerilly, Turny, Cudot et Fay, rendit hommage au roi, conjointement avec son père, pour la châtellenie et baronnie de Ceant-en-Othe, relevant de la grosse tour de Troyes, le 6 mai 1567*, hommage qu'il renouvela (après la mort de Galéas de Bérulle) en la chambre des comptes, le 15 juin 1571*. Claude avait été reçu conseiller au parlement de Paris en 1568. Il épousa, par contrat passé devant Michel Charpentier et Claude Boreau, notaires au châtelet de Paris, le 27 mars 1573*, Louise SÉGUIER, qui était veuve en 1604. Elle était fille de Pierre Séguier, chevalier, seigneur de Sorel, de Saint-Brisson, d'Autry, etc., conseiller du conseil privé et président à mortier au parlement de Paris, et de Louise Boudet de la Bouillie, et tante de Pierre Séguier, duc de Villemor, chancelier de France. Après la mort de Claude de Bérulle, Louise Séguier

SÉGUIER : d'azur, au chevron d'or, accompagné en chef de 2 étoiles du même et en pointe d'un mouton d'argent.

  DE BÉRULLE.

prit l'habit religieux au couvent des Carmélites que le cardinal de Bérulle, son fils, avait établi en France. Elle avait eu de son mariage :

> 1°. Pierre de Bérulle, cardinal, ministre-d'état et chef du conseil sous la régence de Marie de Médicis. Il naquit au château de Cerilly le 4 février 1575. Dès l'âge de 18 ans, il composa un *Traité de l'abnégation intérieure*, où brille une maturité de talents et de vertus bien supérieure à son âge. L'évêque d'Evreux, depuis cardinal du Perron, l'associa à son zèle pour la conversion des religionnaires. Pierre de Bérulle lui servit de second, en 1600, lors de la fameuse conférence de Fontainebleau, où du Perron combattit du Plessis-Mornay, surnommé le pape des Huguenots. La piété douce et persuasive de M. de Bérulle lui fit faire de nombreuses et illustres conquêtes (1). On lui offrit successivement plusieurs évêchés; mais, soit par humilité, soit par crainte de devenir moins utile à l'église en acceptant des fonctions qui pourraient restreindre à un seul diocèse ses efforts et l'activité de son zèle, il refusa constamment, et ne consentit, sur la fin de ses jours, à se laisser pourvoir de deux abbayes que parce que les revenus lui en devenaient indispensables pour subvenir aux dépenses qu'entraînait pour lui la dignité de cardinal à laquelle il avait été promu le 4 septembre 1627. M. de Bérulle n'avait point sollicité cette dignité, et il fallut des ordres réitérés du pape et du roi pour le déterminer à revenir sur le vœu qu'il avait fait de n'en accepter d'aucune espèce. M. de Bérulle avait été aumônier du roi Henri IV. Ce fut du vivant de ce monarque qu'au retour d'un voyage en Espagne, M. de Bérulle fonda en France l'établissement des Carmélites. Il fut aussi le fondateur et le premier général de la célèbre congrégation de l'Oratoire, approuvée par Paul V en 1613. Son mérite et sa vertu ne furent pas moins utiles à l'état dans les conseils de la reine-mère, qu'il parvint à réconcilier avec Louis XIII, malgré les intrigues de Richelieu et le crédit du connétable de Luynes. Il négocia pendant deux ans et conclut, le 5 mars 1626, la paix de Mouçon, en Aragon, entre la France et l'Espagne, traité qui garantit aux Grisons, alliés de la France, la possession de la Valteline. Dans cet intervalle, M. de Bérulle se rendit à Rome, en 1625, pour obtenir la dispense du mariage de Henriette de France avec le prince de Galles, (depuis Charles Iᵉʳ, roi d'Angleterre). M. de Bérulle accompagna ensuite à Londres cette princesse dont il dirigeait la conscience. La confiance dont l'honorait Marie de Médicis, sa droiture et son esprit concilia-

---

(1) « S'agit-il de convaincre les hérétiques ? disait le cardinal du Perron, amenez-lès moi. Si c'est pour les convertir, présentez-les à M. de Genève (François » de Salles); mais, si vous voulez les convaincre et les convertir tout ensemble, » adressez-vous à M. de Bérulle. »

teur, furent pour lui autant de titres à la jalousie et à la haine du cardinal de Richelieu, dont l'ambition révoltait la reine-mère. Les intri-
gues de ce ministre pour décrier M. de Bérulle dans l'esprit du roi,
l'obligèrent enfin à se retirer de la cour. Ce vertueux prélat encourageait
les sciences et les lettres de tout son crédit et de tous les moyens que lui
laissait sa médiocre fortune. Il est mort subitement en célébrant la messe,
au château de Cerilly, dans le moment où il prononçait les paroles de
l'oblation, le 2 octobre 1629. L'abbé le Camus lui fit élever, par Jacques
Sarazin, un mausolée (1) magnifique. Bossuet, dans un passage de
l'*Oraison funèbre du P. Bourgoing*, troisième général des Pères de l'Oratoire, a rappelé, en ce peu de mots, le caractère du cardinal de Bérulle
et l'institution des Oratoriens : « En ce temps-là, Pierre de Bérulle, homme
» vraiment illustre et recommandable, à la dignité duquel j'ose dire que
» même la pourpre romaine n'a rien ajouté, tant il était déjà relevé par le
» mérite de sa vertu et de sa science, commençait à faire luire à toute
» l'église gallicane les lumières les plus pures du sacerdoce chrétien et de
» la vie ecclésiastique. Son amour immense pour l'église lui inspira le
» dessein de former une compagnie à laquelle il n'a point voulu donner
» d'autre esprit que l'esprit même de l'église, ni d'autre règle que ses
» canons, ni d'autres supérieurs que ses évêques, ni d'autres liens que sa
» charité, ni d'autres vœux solennels que ceux du baptême et du sacer-
» doce. Là une sainte liberté fait un saint engagement; on obéit sans dé-
» pendre, on gouverne sans commander; toute l'autorité est dans la dou-
» ceur, et le respect s'entretient sans le secours de la crainte »;

2°. Jean, III° du nom, qui a continué la descendance;

3°. Louise de Bérulle, femme de Robert *Piédefer*, chevalier, seigneur de
Guyencourt, de Viry et de Châtillon-sur-Seine, écuyer de la petite
écurie du roi, fils d'autre Robert Piédefer, écuyer, seigneur des mêmes
terres, et de Lucrèce de Prunelé;

4°. Marie de Bérulle, alliée 1° avec Christophe *Hurault*, seigneur de Veuil,
en Berry, conseiller au parlement de Paris, mort sans enfants en 1606,
fils de Jean Hurault, seigneur de Chérigny, maître des requêtes, et de
Catherine Allegrain; 2° avec François *de Thurin*, baron de Villeret, seigneur de Rigny-le-Féron, conseiller au parlement de Paris. Marie de Bérulle a vécu jusqu'en 1653.

---

(1) C'est un des plus beaux ouvrages de ce célèbre statuaire. M. de Bérulle
y est posé à genoux. Les bas-reliefs représentent le sacrifice de Noé au sortir de
l'arche, celui de la messe, et les armes du cardinal, soutenues par deux re-
nommées. Ce monument existe aujourd'hui en l'église de Saint-Sulpice, à Paris.

IX. Jean DE BÉRULLE, III° du nom, chevalier, seigneur de Vieil-Verger, de Cerilly, de Rigny, etc., baron de Ceant-en-Othe, et d'Achy, fut conseiller au parlement de Paris, puis successivement conseiller-d'état ordinaire, maître des requêtes (1), intendant de justice en Anjou, et procureur-général de la reine Marie de Médicis. Il partagea avec ses frères et sœurs par acte passé devant Jean le Normant et François Herbin, notaires au châtelet de Paris, le 2 juillet 1609*; et, le 31 décembre 1626, il donna quittance de la somme de 1200 livres, pour une année de sa pension comme conseiller et procureur-général de la reine-mère. ( *Titre original.* ) Jean III de Bérulle avait épousé, par contrat du 7 juin 1604*, passé devant Simon de la Barde et Philippe Cottereau, notaires au châtelet de Paris, Anne PASTEY, fille de noble homme Bénigne Pastey, écuyer, seigneur d'Izeurre, de la Sausolle, de Chasey, etc., intendant d'Anne d'Este, duchesse de Nemours, et de Charlotte Turquant d'Aubeterre, sœur de messire Charles Turquant, chevalier, conseiller aux conseils-d'état et privé, lequel assista à ce contract. Anne Pastey vivait encore le 27 juillet 1650*. Jean de Bérulle en avait eu:

PASTEY : d'azur, à 3 demi-vols d'or, mouvants 2 et 1 d'une rose de gueules au centre de l'écu.

1°. Charles, dont l'article viendra ;

2°. Pierre de Bérulle, conseiller du roi en ses conseils, aumônier de Louis XIII, et abbé de Pont-le-Voy ;

3°. Louis de Bérulle, chevalier, seigneur de Mont-Aiguillon, membre des conseils-d'état et privé, et conseiller au grand conseil ;

4°. Robert de Bérulle, reçu chevalier de Malte de minorité au prieuré de France le 7 juin 1631. Ses preuves furent commencées le 1ᵉʳ juillet 1634, par les chevaliers François de Bretaucourt, commandeur de Sommereux et de la Croix en Brie, et Gilbert de Vieilbourg, commissaires de l'ordre (2);

5°. Anne de Bérulle, femme de François *de Vaudetar*, chevalier, marquis de Persan, seigneur de Pouilly, etc., lieutenant-général des armées du roi, et lieutenant-général au gouvernement de Berry, mort le 8 juillet 1690 ;

6°. Louise de Bérulle, prieure des Carmélites de la rue Chappon, à Paris ;

7°. Elisabeth de Bérulle, }
8°. Marie de Bérulle, } religieuses en l'abbaye d'Avenay.

---

(1) Les lettres de provision de cette charge sont du 5 août 1619, et il fut reçu en cette qualité le 29 novembre suivant.

(2) On a marqué d'un astérisque * tous les titres qui ont été vérifiés par ces commissaires.

**X.** Charles DE BÉRULLE, chevalier, baron de Ceant-en-Othe, créé vicomte de Guyencourt, par lettres-patentes du mois de février 1657, seigneur de Cérilly, de Rigny-le-Féron, de Vieil-Verger et de Flacy en partie, nommé conseiller-d'état et maître des requêtes les 28 juin et 5 septembre 1643, avait épousé, par contrat du 31 mai 1638, Christine DE VASSAN, fille de Jacques de Vassan, écuyer, seigneur de Morsan, maître ordinaire de l'hôtel du roi, trésorier des parties casuelles, et de Madelaine Bailly du Séjour. De ce mariage sont issus :

DE VASSAN: d'azur, au chevron d'or, accompagné en chef de 2 roses d'argent, et en pointe d'une coquille du même.

1°. Pierre, dont l'article viendra ;

2°. Charles de Bérulle, chevalier, seigneur de Vieil-Verger, capitaine de vaisseau, mort célibataire en 1682 ;

3°. Jacques de Bérulle, prieur de Saint-Romain, vicomte de Ceant-en-Othe, maître des requêtes en 1694, et conseiller du roi en ses conseils. Il testa le 27 juin 1704. (*Titre original*) ;

4°. Jean-Thomas, marquis de Bérulle. Entré de bonne heure au service militaire, il fut fait lieutenant au régiment du Roi le 13 mars 1675, et servit en la même année aux siéges de Huy et de Dinant, puis à celui de Condé en 1676, et à la prise de Valenciennes en 1677. Le 24 mars de cette année, il fut pourvu, dans le même régiment, d'une compagnie qu'il commanda à la prise de Cambray, aux siéges de Gand et d'Ypres, à la bataille de Saint-Denis, près Mons, en 1678, au siége de Courtray, à la prise de Dixmude, au bombardement d'Oudenarde en 1683, et à l'armée qui couvrit le siége de Luxembourg en 1684. Nommé colonel du régiment de Beaujolais à sa formation le 16 juin 1685, il le commanda, de 1690 à 1695, à l'armée d'Italie, et se trouva aux siéges de Villefranche, de Montalban, de Sant-Ospicio, de Nice, de Veillane, de Carmagnole, et du château de Montmélian, ainsi qu'à la bataille de la Marsaille. Le marquis de Bérulle fit les campagnes de 1696 et 1697 à l'armée du Rhin, sous le maréchal de Choiseul, puis celle de 1701 à l'armée d'Allemagne sous M. le duc de Bourgogne. Passé à celle d'Italie, dans cette année, il combattit à Chiari au mois de septembre, puis, en 1702, à Sant-Vittoria, à Luzzara et à la prise de Borgo-Forte. Il reçut le brevet de maréchal-de-camp le 25 décembre de cette dernière année. Dans le cours de la suivante, il fut employé dans les diverses expéditions de M. de Vendôme. Il servit, en 1704, sur la frontière de la Savoie, à l'armée que commandait le duc de la Feuillade, et y contribua à la prise de Suze, à la réduction des Vaudois, à la prise d'Aoste et de sa vallée, etc. Le marquis de Bérulle fut promu au grade de lieutenant-général des armées du roi le 26 octobre de la même année 1704. Il continua de servir à la même armée, concourut à la prise de Villefranche et de son château, de Sospello, de Sant-Ospicio, de Montalban et de Nice, et se trouva, en 1706, au siége de

Chivas et à la défaite de l'arrière-garde du duc de Savoie; fut employé au siége d'Asti, ainsi qu'au blocus de Montmélian, et prit part au combat livré sous les murs de Turin. Cette campagne fut la dernière de M. de Bérulle. Il mourut sans postérité le 28 mai 1715. (*Dictionnaire historique des Généraux français*, par M. de Courcelles, t. II, pp. 210, 211.) Il avait bâti le château de Foissy, près Sens;

5°. Marie-Christine de Bérulle, mariée 1°, par contrat passé devant de Troyes et Muret, notaires au châtelet de Paris, le 29 décembre 1666, avec Charles *de Flavigny*, chevalier, baron d'Aubilly, de Sarcy, etc., fils de Claude de Flavigny, chevalier, vicomte de Ribauvillé et d'Arnansart, baron d'Aubilly, de Surfontaine, etc., gentilhomme ordinaire de la chambre du roi; 2°, par contrat du 20 août 1670, avec Louis-Octave *Dauvet*, chevalier, seigneur marquis de Rieux, mort le 19 mars 1716, fils de Pierre Dauvet, seigneur de Saint-Valerien, de Rieux et de Basoches, baron de Pins, et d'Anne-Jubert de Thil. Marie-Christine de Bérulle est morte le 24 janvier 1719;

6°. Marie-Anne de Bérulle,
7°. Madelaine de Bérulle,
8°. Marie-Thérèse de Bérulle,

religieuses au monastère royal de Passy, transférées depuis à Notre-Dame de Nazareth, ou Saint-Barthélemi d'Aix, en Provence. Le roi a nommé Marie-Anne de Bérulle prieure perpétuelle de ce monastère.

9°. Hélène de Bérulle.

XI. Pierre, marquis DE BÉRULLE, chevalier, vicomte de Guyencourt, etc., conseiller du roi en tous ses conseils, maître des requêtes le 24 mars 1683, nommé le 20 mai et reçu le 14 novembre 1694 premier président au parlement de Grenoble et commandant pour le roi en la province de Dauphiné, fut institué légataire universel de Jacques de Bérulle, son frère, le 27 juin 1704, et exécuteur de son testament. Il obtint des lettres-patentes du mois de juin 1720 ( registrées au parlement le 9 avril 1748 et à la chambre des comptes le 17 mai 1765), lesquelles, en considération des services rendus à l'état par la famille de Bérulle, particulièrement par le cardinal de Bérulle, et en même temps pour reconnaître ceux que Pierre de Bérulle, à l'exemple de ses ancêtres, avait rendus soit dans les fonctions de premier président au parlement de Grenoble, soit dans la charge d'intendant de S. M. pour les provinces d'Auvergne et de Lyonnais, unirent les terres de Rigny-le-Féron, de Foissy et de Flacy, à la baronnie de Ceant-en-Othe, pour ne

former à l'avenir qu'une seule et même terre, sous la dénomina-
tion de *marquisat de Bérulle*, et relever du roi, comme par le
passé, à une seule foi et hommage. Il mourut en 1723, et avait
épousé 1° Antoinette-Françoise BOULEAU; 2° Marie-Nicole DE PARIS
DE LA BROSSE, parente de Nicolas de Paris de Boissy, chevalier de
l'ordre de Saint-Jean de Jérusalem, grand-prieur de France, décédé, dans sa 85° année, le 17 janvier 1667, suivant son épitaphe,
qu'on voyait, avant la révolution, dans l'église de Sainte-Marie du
Temple à Paris, en la chapelle de Notre-Dame de Lorette, sur une
tombe de marbre noir. Le marquis de Bérulle a eu pour enfants;

BOULEAU : d'azur, à 3 fasces ondées d'argent, surmontées de 3 besants du même.

DE PARIS : d'azur, à la fasce d'or, accompagnée en chef de 3 roses et en pointe d'une tour, le tout du même.

*Du premier lit :*

1°. Madelaine de Bérulle, mariée avec Charles *de Ribeire,* premier président
en la cour des aides de Clermont en Auvergne;
2°. Hélène de Bérulle, femme de Pierre *de Ponnat,* capitaine au régiment
de Sault;

*Du second lit :*

3°. Pierre-Nicolas, dont l'article suit;
4°. Pierre-Jean-Martin de Bérulle, abbé de Lezat, mort en 1732;
5°. Jacques-François, comte de Bérulle, marquis de Saint-Ange, seigneur
de Saint-Mandé, près Paris, capitaine au régiment du Roi, marié, en 1736,
avec Philiberte-Blanche *de Ricard de Courgis,* laquelle est morte sans enfants en 1780. Elle était fille de Jean-Baptiste-Jules de Ricard, seigneur de
Courgis, second président à la cour des aides de Paris, et de Claude de
Valon-Montmain;
6°. Marie-Françoise-Amable de Bérulle, religieuse, puis abbesse de Notre-
— Dame-de-Nazareth, à Aix;
7°. Marie-Anne-Thérèse-Marthe de Bérulle, religieuse au même monastère.


XII. Pierre-Nicolas, marquis DE BÉRULLE, chevalier, conseiller
du roi en tous ses conseils, nommé, le 16 février 1715, maître des
requêtes et reçu le 7 octobre 1719, ensuite premier président au
parlement de Grenoble, et commandant né pour le roi dans la province de Dauphiné, en survivance de son père, naquit le 6 juin
1688. Il succéda aux charges de son père le 27 novembre 1723, et
mourut le 14 mai 1730. Marie-Renée DU PLESSIS, sa veuve, vivait
encore le 30 décembre 1750. De ce mariage sont issus;

DU PLESSIS :

1°. Amable-Pierre-Thomas, dont l'article suit;
2°. Susanne-Nicole de Bérulle,

2*

XII. Amable-Pierre-Thomas, marquis DE BÉRULLE, chevalier, né en 1726, fut reçu maître des requêtes en 1748, puis nommé, le 30 mars 1760, premier président du parlement de Grenoble, et commandant né pour le roi en Dauphiné. Les lettres de provision de cette charge portent qu'il était issu d'une famille aussi recommandable par les avantages de la naissance que par le mérite des sujets qu'elle avait produits, et dont les services et les illustrations sont sommairement rappelés. Le marquis de Bérulle avait été auparavant intendant du Bourbonnais, et sa mémoire est encore en vénération à Moulins, chef-lieu de cette intendance. En 1789, il était l'un des six conseillers d'honneur au parlement de Paris. Le marquis de Bérulle et sa femme, renfermés pendant la terreur dans la maison des Oiseaux, rue de Sèvres, à Paris, en sortirent au bout de neuf mois, le 9 octobre 1794. Le marquis de Bérulle est mort en sa terre de Foissy le 6 avril 1797, à l'âge de 71 ans. La marquise de Bérulle ne lui a survécu que deux ans, et est décédée à 69 ans, dans la même terre, le 5 novembre 1799. Elle se nommait Catherine-Marie ROLLAND, née en 1730, et était fille de Pierre-Barthélemi Rolland, chevalier, comte de Chambaudoin, seigneur d'Erceville et de Tremeville, conseiller de grand'-chambre au parlement de Paris, et de Catherine Pichon, et sœur de Barthélemi-Gabriel Rolland, président au même parlement (seigneur des mêmes terres de Chambaudoin, d'Erceville et de Tremeville, érigées en comté de Chambaudoin en 1770, en sa faveur et en celle des descendants de sa branche), condamné à mort par le tribunal révolutionnaire le 20 avril 1794. De ce mariage, qui avait été contracté en 1748, sont issus :

ROLLAND : d'azur, au chevron d'or, accompagné en chef de 3 étoiles, et en pointe d'une levrette, le tout du même ; la levrette colletée et bouclée d'argent.

1°. Amable-Pierre-Albert, marquis de Bérulle, né en 1755, premier président du parlement de Grenoble, charge qu'il a exercée jusqu'à l'époque de la suppression des parlements. Le marquis de Bérulle a été condamné à mort par le tribunal révolutionnaire de Paris le 24 juillet 1794, trois jours avant la chute de Robespierre. Il avait épousé 1°, le 1er juin 1779, Marie-Blanche-Rosalie *Hue de Miroménil*, née en 1765, morte en couches en 1788, deuxième fille d'Armand-Thomas Hue, marquis de Miroménil, garde-des-sceaux de France, commandeur des ordres du Roi, et de Blanche-Rosalie Bignon, sa seconde femme ; 2°, en 1790, Anne-Marie-Françoise *le Vavasseur d'Hérouville*, née en 1768, fille de M. le Vavasseur d'Hérouville, maître en la chambre des comptes de Paris. La marquise de Bérulle existe. Son mari n'a eu que deux enfants, savoir :

*Du premier lit :*

*A*. Armand-Amable-Marie, marquis de Bérulle, né en 1788, décédé le 15 février 1805, sans avoir été marié ;

*Du second lit :*

*B*. Amable-Blanche de Bérulle, née le 25 mai 1792, mariée, le 7 février 1813, avec Athanase-Gustave-Charles-Marie, marquis *de Levis-Mirepoix*. Elle est morte sans enfants le 12 mai 1815. Le marquis de Levis-Mirepoix, aujourd'hui pair de France, gentilhomme honoraire de la chambre du roi et commandeur de la Légion-d'Honneur, a épousé, en secondes noces, en 1817, Charlotte de Montmorency-Laval ;

2°. Barthélemi-Pierre-Clériadus de Bérulle, né en 1760, reçu chevalier de l'ordre de Saint-Jean-de-Jérusalem, *dit* de Malte, en 1771, officier au régiment des gardes-françaises, mort célibataire en 1781 ;

3°. Balthazar-Joachim-Laurent - Charles - Pierre-Marie - Hugues-Grenoble , dont l'article viendra ;

4°. Amable-Pierre-François de Bérulle, ancien conseiller au parlement de Paris, né en 1769, marié avec Claudine-Joséphine *de Monteil*, dont sont issues :

    *A*. Amable-Marie-Joséphine-Charlotte de Bérulle, née le 22 juin 1796, mariée, le 23 janvier 1815, avec Gabriel-Antoine-Marie, marquis *de Puibusque,* en Languedoc, dont sont issues ;

        *a.* Batilde de Puibusque, née le 13 novembre 1815 ;
        *b.* Alix de Puibusque, née en 1817 ;

    *B*. Hermine-Marie-Françoise de Bérulle, née en 1800, mariée, le 27 février 1822, avec Étienne *de Seguins,* marquis de Reyniès, en Languedoc, dont sont issus un fils et une fille ;

5°. Adélaïde-Catherine-Renée de Bérulle, née en 1749, mariée, le 2 juin 1767, avec Conrard-Alexandre *Bochart,* marquis de Champigny, alors lieutenant au régiment des gardes-françaises, né le 20 octobre 1733, décédé au mois de février 1822, lieutenant-général des armées du roi et commandeur de l'ordre de Saint-Louis, fils de Jean-Paul Bochart, marquis de Champigny, lieutenant-général des armées du roi, et d'Anne-Étiennette de Meuves. La marquise de Champigny (Adélaïde-Catherine-Renée de Bérulle) est décédée en 1772, laissant, outre un fils aîné, mort sans postérité ;

    *A*. Amable-Jean-Conrard Bochart, comte de Champigny, né au mois de mai 1770, officier au régiment des gardes-françaises, puis dans les hommes d'armes à l'armée des princes, décédé le 5 juillet 1821, laissant de Louise-Caroline *de Seyssel*, son épouse, un fils nommé :

Jean-Paul Bochart de Champigny, né en novembre 1819;

*B.* Adélaïde-Louise Bochart de Champigny, née en 1769, morte le 4 juin 1823, sans enfants de Ferdinand-Amable *de la Roque*, comte de Ménillet, son mari, qui était décédé en émigration;

6°: Anne-Françoise de Bérulle, née le 21 mai 1750, chanoinesse-comtesse du chapitre noble de Neuville, mariée, le 14 mars 1780, avec Joseph, marquis *de Mauléon*, chevalier, seigneur de Serempuy, de Lixandre, etc., maréchal-de-camp, chevalier de l'ordre de Saint-Louis, ancien sous-lieutenant des gardes-du-corps, décédé le 7 mai 1820, fils de Jean-Louis de Mauléon, seigneur de Saint-Sauvy, de Lixandre, de Sérempuy, etc., et de Catherine de Preissac de Maravat. La marquise de Mauléon est décédée en 1786, laissant :

*A.* Amable-Lambert-Charles-Joseph-Julien, comte de Mauléon, capitaine de cavalerie, mort en mars 1820, laissant d'Aglaé-Françoise-Rosalie *Barrin de la Gallissonnière*, son épouse, fille d'Augustin-Félix-Élisabeth Barrin, comte de la Gallissonnière, lieutenant-général des armées du roi, grand'-croix de l'ordre de Saint-Louis :

a. Augustin-Raoul, marquis de Mauléon, né le 3 novembre 1815;
b. Amélie de Mauléon, née le 8 septembre 1805, mariée, le 26 janvier 1826, avec N.... *le Sénéchal*, marquis de Kercado-Molac;

*B.* Herminie de Mauléon, mariée, en 1806, avec M. *de Bonnefont de Fieux*. Elle est morte le 14 novembre 1823;

7°. Angélique-Louise-Nicole de Bérulle, née en 1753, chanoinesse-comtesse du chapitre noble de Neuville, mariée, en 1779, avec René-Charles-François, comte *de la Tour du Pin-Chambly*, colonel, condamné à mort par le tribunal révolutionnaire de Paris le 7 juillet 1794. La comtesse de la Tour du Pin-Chambly est décédée au mois de janvier 1826, laissant deux fils :

*A.* René-Amable-Louis, comte de la Tour du Pin-Chambly, né le 15 mars 1780, marié, en 1799, avec Gabrielle-Claudine *Douet de la Boullaye*, née le 20 mai 1780. Leurs enfants sont :

a. René-Henri-Gabriel-Humbert de la Tour du Pin-Chambly, né le 14 novembre 1801, officier attaché à l'état-major;
b. Armand-Fernand de la Tour du Pin-Chambly, né en 1809;
c. Amélie-Gabrielle-Louise de la Tour du Pin-Chambly, née le 19 mars 1800, mariée, le 13 avril 1825, avec M. le marquis *de Rune;*

  *d.*. Alix-Alexandrine-Claudine de la Tour du Pin-Chambly, née
   le 16 décembre 1806;

  *e.* Augustine-Marie-Georgette de la Tour du Pin-Chambly, née en
   1812;

*B*. Alexandre-Louis-Henri, vicomte de la Tour du Pin-Chambly, né à
  Paris le 13 avril 1783, reçu chevalier de l'ordre de Malte le 31 mai
  1783, marié, le 15 novembre 1802, avec Élisabeth-Marie-Modeste *de
  Sesmaisons*, née au mois de février 1783. De ce mariage sont issus :

  *a.* Louis-Berlion-Joseph-Alexandre de la Tour du Pin-Chambly,
   né le 18 octobre 1803, aujourd'hui au service;

  *b.* René-Gabriel de la Tour du Pin-Chambly, né le 6 janvier
   1820;

  *c.* Louise-Élisabeth-Charlotte de la Tour du Pin-Chambly, née
   au mois de septembre 1814;

8°. Catherine-Philiberte-Françoise de Bérulle, née à Paris le 9 avril 1757,
  chanoinesse comtesse du chapitre noble de Neuville, mariée, le 12 septembre 1780, avec Jean-Baptiste-Charles *de Goujon de Thuisy*, marquis
  de Thuisy, sénéchal héréditaire de Reims, comte de Saint-Souplet, baron
  de Pacy en Valois, maréchal des camps et armées du roi, chevalier de
  l'ordre royal et militaire de Saint-Louis et honoraire de l'ordre de
  Malte, etc. (*Voyez* leur postérité dans le t. I de cet ouvrage, généalogie
  DE GOUJON DE THUISY, p. 22.)


XIV. Balthazar-Joachim-Laurent-Charles-Pierre-Marie-Hugues-
Grenoble, marquis de BÉRULLE, né à Grenoble le 4 août 1762, reçu, en mars 1775, chevalier de l'ordre de Malte, est entré dans
la marine royale en 1777, a fait toute la guerre de 1777 à 1783;
s'est trouvé, dans les années 1779 et 1780, au combat naval devant la Grenade, sous les ordres de M. le comte d'Estaing, à
celui des trois vaisseaux commandés par M. de la Motte-Picquet,
devant la Martinique, contre 17 vaisseaux anglais, enfin au premier combat livré par le comte de Guichen devant la Dominique,
combat dans lequel il a été blessé très-grièvement. Après la guerre,
il a continué ses services, soit en mer, sur les vaisseaux du roi, soit
dans les ports, jusqu'en 1792. A cette époque, il s'est réuni comme
homme d'armes au corps des officiers de la marine émigrés, pour
faire la campagne *dite* de l'armée des princes, après laquelle,
ayant été licencié ainsi que tous ses compagnons d'armes, il s'est
retiré à Malte, et n'est rentré en France qu'en 1800. Le marquis

3*

de Bérulle a obtenu du roi, en 1814, le grade de capitaine de vaisseau et la croix de l'ordre de Saint-Louis pour retraite. Il a épousé Anne FERRIOT. De ce mariage sont issus :

1°. Joachim-Marcellus de Bérulle, né le 5 août 1810 ;

2°. Hugues-Victor-Bonaventure de Bérulle, né le 14 mars 1816 ;

3°. Maria-Germaine-Clara de Bérulle, née le 19 août 1808.

## ERRATA.

Page 1<sup>re</sup>, 5° ligne en remontant, *on lit :* adressée, en 1710, au cardinal de Bérulle. Ce prélat étant décédé en 1629, *il faut lire :* composée, en 1710, en l'honneur du cardinal de Bérulle.

Pag. 5, lig. 6 en remontant : Louise SÉGUIER, *ajoutez :* née en 1544.

Pag. 6, lig. 24 : fonda en France l'établissement des carmelites, *ajoutez :* en 1605.

Pag. 7, dernière ligne de la note, *après ces mots :* Ce monument existe aujourd'hui, *lisez :* dans la chapelle des carmelites de la rue d'Enfer, à Paris.

Pag. 8, article 4°. Robert de Bérulle, *ajoutez :* né en 1621.